La Isla de Susú

¡Silencio, se rueda!

Este libro es de

A Darío y Néstor.

Proyecto y dirección: EDEBÉ
© Texto: Antonio G. Iturbe
© Ilustraciones: Alex Omist
Dirección editorial: Reina Duarte

© Edición: Edebé, 2014
Paseo de San Juan Bosco, 62
08017 Barcelona
www.edebe.com

Atención al cliente 902 44 44 41
contacta@edebe.net

1.ª edición, marzo 2014

ISBN 978-84-683-1173-9
Depósito Legal: B. 2118-2014
Impreso en España
Printed in Spain

La Isla de Susú

¡Silencio, se rueda!

Antonio G. Iturbe / Alex Omist

edebé

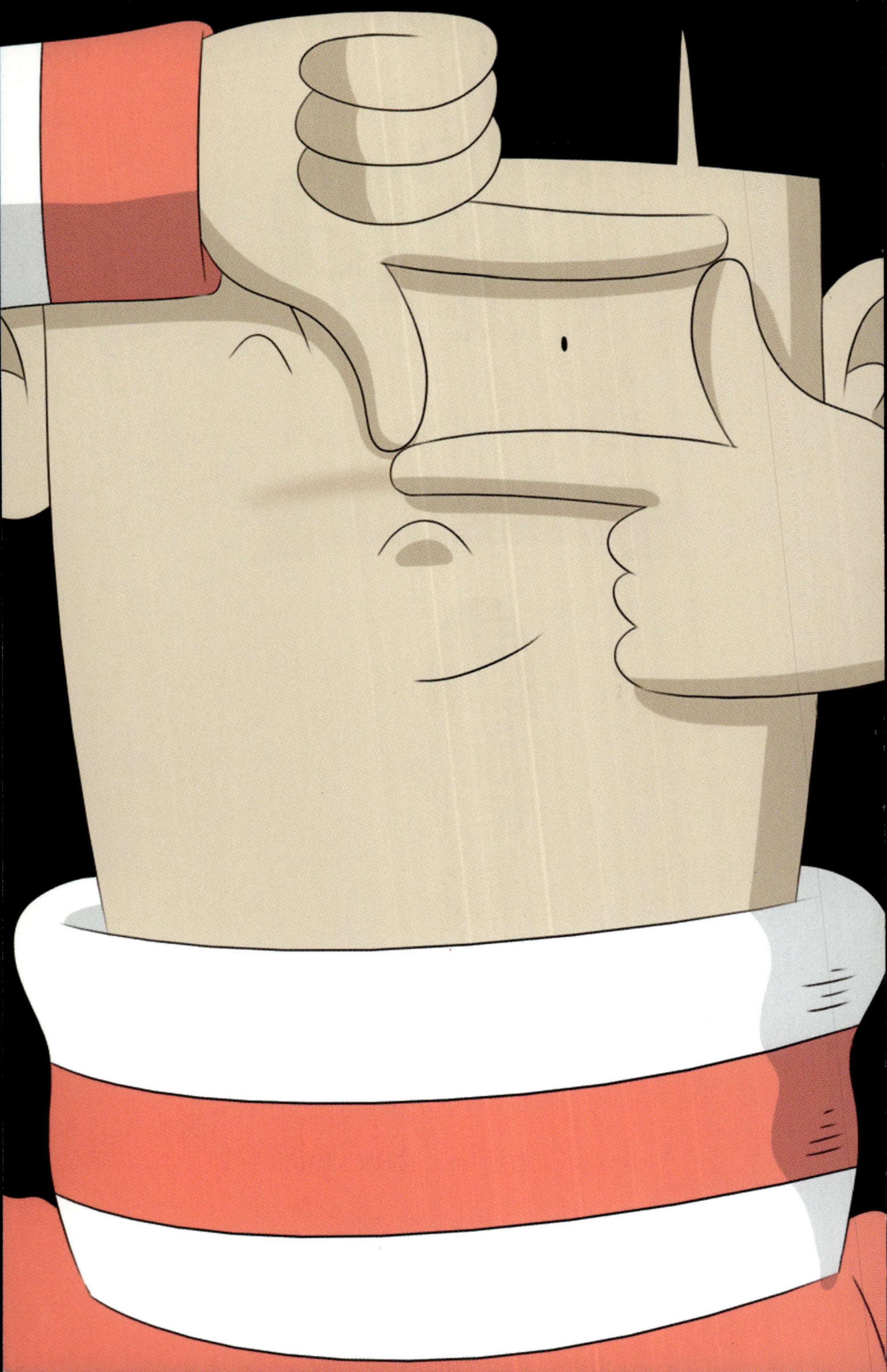

Índice

Un saludo de narices

Susú trabaja toda la mañana en su jardín submarino bajo las aguas cristalinas de Isla Marabú. Las posidonias han crecido mucho y forman un pequeño bosque sumergido. Las algas rojas se mecen con la corriente.

«¡Parecen las melenas de unas chicas pelirrojas!», piensa Susú.

Aunque la corriente submarina es muy fuerte, ella consigue mantenerse firme en el fondo gracias al viejo traje de submarinista con botas de plomo.

«¡Fue una suerte encontrar este traje en la **Casa de los Buzos**!», se dice Susú.

Recolecta unas cuantas algas llamadas *Codium*. Ella prefiere llamarlas fideos de mar.

—¡Irán perfectas para hacer una sopa! ¡De segundo plato me comeré una superhamburguesa!

Susú se queda un momento pensativa...

«Es mi última hamburguesa. Tendré que saborearla bien. No podré comer otra hasta que vuelva el barco de suministros del **capitán Krug** dentro de diez días».

Es el problema de vivir en una **isla** en medio del mar. Hay que esperar a que el barco llegue con comida, revistas y los encargos que se le hayan hecho al **capitán Krug**. Sin embargo, Susú está contenta de haberse venido a vivir aquí. **Tío Rufus**, su loro, le hace compañía, aunque sea algo gruñón. A veces va a comer a la fonda de la estrafalaria **señora Pomponius**, capaz de preparar los platos de comida más locos que uno haya probado nunca. También suele conversar con el farero, el **señor Zin**, que siempre tiene respuestas

para todo. Pero, sobre todo, le gusta jugar con Maui, ese chico maorí tan simpático que vive con su familia en una cabaña cerca del volcán.

Antes de regresar al pozo para subir hasta la Casa de los Buzos, donde vive, se queda mirando el paisaje submarino. Sobre el bosque de algas, sobrevuela nadando a toda velocidad un banco de sardinas brillantes como flechas de plata. Son

como un pelotón de ciclistas minúsculos. ¡Van a toda pastilla, muy juntas, sin tropezar nunca!

Un pulpo se mueve perezosamente encima de una roca y un enorme besugo ha decidido darse un paseo por su jardín sumergido. Susú piensa que, si en el fondo del mar se pudiera escuchar música y cocinar hamburguesas, sería un buen lugar para vivir...

«¡Un poco húmedo!», piensa divertida.

Finalmente sube por el interior del túnel que une el fondo del mar con su casa y llega hasta la boca del pozo, ubicada dentro del armario ropero.

Entra chorreando y saluda muy alegre a **Tío Rufus**.

—¡Ya estoy aquí! ¿A que estás contento de verme de vuelta a casa?

—**¡Cooooooompletamente equivocadoooooo!** —berrea el loro.

—La próxima vez que elija un animal de compañía, será un erizo de mar... ¡Seguro que es más afectuoso que tú!

—**¡¡¡Coooooompletamente equivocado!!!**

Después de comer, Susú se dirige a toda prisa a visitar a la **familia Karité**. Quiere pedirle a **Maui** que le enseñe a hacer esos dibujos geométricos tan alucinantes que los maorís llevan tatuados.

Por el camino se cruza con la dueña de la Posada del Marinero, el único hotel de Isla Marabú, donde nunca hay ningún huésped.

—¿Qué hace por aquí, señora Pomponius?

—Estoy recogiendo moras para un nuevo plato que voy a incluir en la carta de mi restaurante.

—¿Qué plato será ese?

—Tortilla de moras con salsa de tentáculo de calamar… ¡Te va a encantar!

Susú pone cara de haberse tragado una avispa y disimula diciéndole que se va corriendo porque llega tarde.

«¡Puuuuaaaajjjj!», piensa. «¡Menos mal que no hay clientes en la *Posada del Marinero*, porque se desmayarían al ver los platos de la **señora Pomponius**!»

En cambio, cuando se acerca a la cabaña de la **familia Karité**, empieza a oler de maravilla. **Maui** la está esperando.

—¡Hola, Susú!

Maui camina hacia ella y acerca su cabeza. Ella también acerca la suya hasta que se juntan la frente y la nariz de ambos. A Susú todavía le resulta un poco raro ese saludo. Los maorís lo llaman *hongi.* ¡Pero es muy divertido!

—Mira, esta es mi mesa de trabajo —dice **Maui** señalando un tronco de madera partido por la mitad al que le han puesto cuatro patas hechas de ramas de árbol—. Aquí estudio por las mañanas con mi hermana pequeña.

—¿Y quién es tu profesor?

—Mi madre me enseña todo lo que necesito saber de la naturaleza y también canciones. Mi padre me enseña ***leyendas maorís*** y me cuenta

cuentos. Y el farero, el **señor Zin**, me da clases de matemáticas y otras cosas.

—¡Vaya colegio más familiar!

Maui toma un recipiente hecho con una cáscara de coco. Dentro hay un líquido de color verdoso.

—¿Qué es?

—Es tinta hecha con plantas machacadas. Y para que el verde sea más oscuro se le echa un poquito de madera quemada y triturada.

—¿Y con eso os tatuáis la piel?

—Es una tradición. Por las tardes practico sobre estas cortezas de árbol para aprender a ser un buen tatuador de mayor, como mi padre.

Maui toma una pluma de albatros y dibuja muy despacio, con muy buen pulso, varias líneas rectas y curvas hasta formar un bonito trazo geométrico.

—¡Prueba tú!

Susú toma la pluma y empieza a pintar muy deprisa..., pero todas las líneas se le tuercen y la tinta lo emborrona todo.

—¡Jopeta, qué difícil!

—Es que vas demasiado deprisa, Susú. ¡Imagínate si fueras así de deprisa sobre la piel de alguien!

—¡Buf! ¡Sólo de pensar lo que debe de doler se me ponen los pelos de punta! ¿A ti no te dolió que te tatuasen en la cara?

—¡Mucho! Pero a veces hay que sacrificarse por lo que uno quiere.

Maui la mira con sus ojos negros como ese polvo de leña quemada de la tinta de los tatuajes y ella le devuelve una sonrisa. Es una suerte tener un amigo como Maui.

Se pasan mucho rato dibujando. Ahora Susú tuerce menos las líneas. Sin que se dieran cuenta, ha empezado a anochecer.

—¡Se ha hecho tarde! Debo irme a casa.

—¡Imposible! —dice la señora Karité, mientras se acerca a ellos—. ¡Es la hora de cenar!

—Pues precisamente por eso tengo que marcharme, para que ustedes cenen tranquilos.

La señora Karité mira un poco extrañada a su hijo, como si Susú hablara en un idioma incomprensible. Maui se ríe.

—Susú, nosotros nunca dejamos que alguien se marche de nuestra casa sin haber comido o cenado. Es nuestra obligación con los visitantes.

—¿Obligación? ¡No tenéis obligación de darme nada!

—Sí, sí la tenemos —dice el padre, que acaba de salir de la cabaña—. Tú eres nuestra invitada.

Por eso tendrás el mejor lugar y la mejor ración de la cena. Esa es la costumbre que siempre hemos seguido.

Susú se acuerda del capitán Krug. Si estuviera espiando en ese momento, seguro que diría: «En esta isla están todos locos». Pero son los locos más amables que ha conocido nunca.

La familia Karité cumple todo lo que ha dicho. La hacen sentarse en la única silla de verdad y ellos se sientan encima de unos troncos de árbol. Es a ella a quien sirven en primer lugar una enorme

ración de pollo con puré de calabaza, acompañada de unas tortitas que hace la madre de Maui.

—¡Está todo buenísimo! —les dice Susú.

La familia Karité sonríe agradecida.

La madre se pone a cantar mientras prepara unas tortas dulces para el postre. Enseguida la imitan Maui, su hermana y el señor Karité. Animan a Susú a que se sume y cante con ellos, pero ella se excusa. Con lo lanzada que es Susú para algunas cosas, eso de ponerse a cantar en público le da vergüenza.

Después de cenar, Maui insiste en acompañarla hasta su casa.

—¿Es que acaso piensas que me da miedo la oscuridad? —le dice poniéndose un poco chulita.

—Pues debería.

—¿No irás a decirme que hay leones sueltos por Isla Marabú?

—No, pero sí hay peligros: los agujeros del camino y las ramas que uno no ve en la oscuridad. Podrías romperte una pierna, o la cabeza. Y no es el único peligro...

—¿Más peligros?

—En Isla Marabú no hay leones, pero sí una serpiente. Hay que tener cuidado porque las serpientes son muy traidoras: se mueven en silencio y, cuando menos lo esperas, te muerden. Su veneno es mortal.

—¿Y cuántas serpientes horribles de esas hay?

—Sólo una. Nosotros la llamamos Rieki-boloka. En la lengua de nuestros antepasados quiere decir: «la reina que se arrastra».

—Bueno, si sólo es una...

El señor Karité interviene:

—Sólo es una serpiente, pero no hay que tentar la suerte. **Maui** sabe escuchar, él puede saber si Rieki-boloka se acerca.

Susú ya no se siente tan valiente. Y, además, le encanta que **Maui** se preocupe por ella.

Él le ofrece su mano y ella duda un poco. Eso de agarrarse de la mano es cosa de novios, pero **Maui** le sonríe, como quitándole importancia. Y decide que los amigos también pueden ir de la mano... ¡sobre todo si han de atravesar una **isla** a oscuras!

Maui mira las estrellas y enseguida sabe hacia dónde deben ir y, como conoce todos los atajos, ella le agarra muy fuerte de la mano y se deja guiar. Así, llegan sin un solo tropiezo a la Casa de los Buzos.

—¡Gracias! ¡Jopeta, qué tarde se ha hecho! ¡Seguro que Tío Rufus me ha echado de menos!

—**¡Coooooompletamente equivocadoooooo!** —se oye berrear dentro de la casa.

Los dos se ríen y se despiden con el saludo maorí, cabeza con cabeza.

Modelos por los pelos

Esa mañana amanece soleada. El cielo está muy azul y el mar brilla.

—¡Un día ideal para ir a buscar conchas! —exclama Susú.

Antes decide pasar por el embarcadero, porque es el día que llega el barco de suministros del **capitán Krug** y ha de recoger su pedido. Pidió un paquete de hamburguesas caseras, un par de libretas y dos lápices; unas chancletas a la última moda, tres paquetes de chicles de fresa y una bolsa de pipas de dos kilos para **Tío Rufus**. Sin embargo, lo que espera con más ganas es la carta que le mandarán sus padres. Los echa mucho de menos.

De camino al embarcadero se cruza con el farero.

—¡Buenos días, señor Zin!

—Buenos días, Susú. ¿Vas a buscar conchas?

—Sí, más tarde. Ahora tengo prisa. Voy a recoger las provisiones al barco del capitán Krug. ¡No tengo tiempo ni para pararme a hablar con usted!

—Una mañana que no tengas prisa, ven a verme al faro.

—¿Y qué haremos?

—Contaremos olas.

—Otro día, ahora voy corriendo. ¡Adiós!

Y, en efecto, echa a correr hacia el embarcadero agitando la cabeza al mismo tiempo y sonriendo. «¡Qué cosas tiene el señor Zin! Está como una cabra. Aunque bien pensado, desde su faro, la vista del mar es impresionante». Junta las cejas para pensar más fuerte: «¿De verdad pueden contarse las olas del mar?».

No tiene tiempo para pararse a reflexionar, porque el barco está a punto de llegar. En el pe-

queño puerto la **señora Pomponius** ya está esperando. Ella ha pedido montones de ingredientes raros para preparar todo tipo de platos extravagantes en su fonda. A veces, el **señor Zin** va a comer para probar sus experimentos culinarios. Es el único en toda la **isla** que se atreve.

El ***Lady Marian*** se acerca haciendo sonar su sirena.

¡Tuuuuuuuuuuuuuuu! ¡Tuuuuuuuuuuuuuuuu!

Cuando atraca en el muelle, las dos se llevan una sorpresa: el barco llega con un montón de gente a bordo.

El **capitán Krug** les dice a sus pasajeros que esperen hasta que el barco se haya estabilizado del todo, pero parecen tener prisa y bajan enseguida, cargados con un montón de aparatos y equipajes. Hay dos muchachas algo mayores que **Susú**, y aunque le dé rabia reconocerlo, van monísimas. Detrás baja un chico y se le queda la boca abierta como a un besugo. ¡Es guapísimo! Y lleva unas **gafas de sol** alucinantes. También hay dos o tres personas más con ropa muy mo-

derna que se mueven con una tremenda energía. Uno de ellos se dirige a ellas sin cortarse nada.

—Nos ha dicho el **capitán Krug** que hay un hotel en la **isla** donde podrá alojarse mi equipo.

—Así es. Es mi hotel. Yo soy la **señora Pomponius** y van a estar de maravilla. Les voy a preparar unos platos exquisitos. ¿Han probado alguna vez la ensalada de caracoles de mar?

—Tenemos mucho trabajo, señora. Ahora no podemos pararnos a conversar. Además, hemos traído nuestro propio *catering*.

—¿Y eso qué es?

—Nuestra comida. Sándwiches vegetales de pan integral para las modelos, cereales y ensaladas envasadas. Lo que necesitamos cuanto antes son nuestras habitaciones. La mía con aire acondicionado.

—Pues no hay —le contesta un poco intimidada la señora Pomponius.

—¿Y *jacuzzi?*

—Tampoco...

—¿Qué clase de hotel es este?

—Me temo que es el único que hay en la isla —le informa el capitán Krug.

El hombre resopla. Luego, se va a supervisar que no reciba ningún golpe la cámara que baja uno de sus ayudantes en ese momento.

El capitán les susurra que se trata de un importante director de publicidad llamado Víctor Telonius. Viene a la isla a rodar un anuncio para una marca de champú.

—Con razón esas chicas y ese chico son tan guapos... ¡Son modelos!

Susú se los queda mirando completamente pasmada, mientras ellos teclean frenéticamente en sus teléfonos móviles, acostumbrados a que los miren. Cuando ven que sus teléfonos móviles de última generación no funcionan, se enfadan muchísimo.

—Mi IGLK-5 no funciona. ¡Menudo trasto! —chilla la rubia.

—¡Ni mi IVoz-4! —grita él.

A Susú le parece que tiene una voz muy bonita.

—Estamos en una **isla** en medio del mar, aquí no hay cobertura —les informa el **capitán Krug**.

—¡A menuda porquería de sitio nos han traído! —refunfuña la pelirroja.

El jefe del grupo se dirige a Susú:

—Muchacha...

Ella se queda estupefacta. ¡Le está hablando a ella! Tal vez necesiten otra modelo para el anuncio. ¡Claro! Les falta una morena.

—Dígame, director...

—Ya puedes ir llevando las maletas al hotel.

Susú vuelve a quedarse con la boca abierta. ¡La han confundido con una empleada del hotel! Va a decir algo, pero la rubia ya le ha puesto encima un bolsón y la pelirroja, una maleta. Bueno, así se harán amigas mientras van hacia la *Posada del Marinero*, piensa Susú.

Haciendo equilibrios con el equipaje, se pone a caminar junto a ellas y se presenta.

—Me llamo Susú.

—Ya...

—En realidad, no trabajo en el hotel.

—¿De veras?

—No, no, pero no me importa ayudaros con el equipaje. Yo soy jardinera submarina.

—¿Jardinera submarina?

—¿Eso no es un poco... friki?

Susú está a punto de hablarles de sus plantaciones de espaguetis acuáticos y sus bosques de algas, pero aún parecería más friki y se corta. El director da un par de zancadas para acercarse a ellas.

—Vamos, chicas —les grita—, ya os he dicho que no distraigáis al personal cuando está trabajando.

Susú trata de aclarar la confusión, que ella no es una trabajadora del hotel, pero el director habla tan **deprisa** y se mueve tan **rápido** que no hay forma de contarle nada.

—Y vosotras, concentradas en lo vuestro. Esta tarde tenemos que empezar el rodaje. A ver si acabamos cuanto antes y podemos volvernos pasado mañana con el mismo barco de vuelta a la civilización. Recordad vuestras frases: «Champú Glorioso me deja un pelo maravilloso». Y la tuya: «¡Que nunca te falte en casa Glorioso! El champú de la gente con buena cabeza».

Susú llega al hotel bastante apurada por el

peso del equipaje y suelta las maletas delante del mostrador de recepción con alivio.

—¡Gracias!

¡Por fin alguien le da las gracias! Al darse la vuelta ve, un poco decepcionada, que es la **señora Pomponius**. Hubiera preferido que fuera ese chico rubio. Los chicos rubios nunca aparecen cuando una los necesita.

Susú ve la luz

C**uando llega a casa**, Susú está deseando contar las excitantes novedades. En Isla Marabú nunca pasa nada.

—Tío Rufus, van a rodar un anuncio de televisión aquí mismo, en la isla. Ha llegado un equipo profesional, con actores y todo. ¿Verdad que es emocionante?

—¡Coooompletamente equivocadooooo!

Susú baja a su jardín submarino, trabaja allí un rato y, antes de irse, recoge un melón de mar. Lo prepara para comer. Los melones que cultiva

Susú bajo el mar tienen un sabor salado que los hace deliciosos. Después de comer, decide darse un paseo por la isla.

—Tío Rufus, me marcho... a buscar conchas.

—**¡Completamente equivocado!**

«Qué listo es Tío Rufus», se dice a sí misma. Porque, efectivamente, no va a buscar conchas. Lo que en realidad quiere es encontrarse con el equipo de rodaje.

Mira en la playa blanca y en la pequeña bahía secreta. Camina hasta el acantilado de la costa sur de la isla y sí, allí están.

Han desplegado dos cámaras, unas luces enormes tapadas con filtros y hasta un ventilador gigante. Hay sillas para que los actores descansen y el director controla la grabación en un monitor. Susú se para a unos metros y observa. Le choca que todos lleven gafas de sol. La maquilladora humedece el pelo de la muchacha pelirroja. Lleva unas botas altas chulísimas por encima de los vaqueros. A continuación un técnico enciende el ventilador.

—¡Toma cuatro! ¡Cámaras..., acción!

La chica pelirroja camina unos pasos. El actor camina en dirección contraria. Al cruzarse, él le guiña un ojo y continúa. Ella agita la melena al viento (porque el ventilador hace que parezca que sople viento) y dice su frase:

—**Champú Glorioso**... me deja un pelo maravilloso.

Después, sonríe a la cámara durante unos segundos interminables.

—¡Corten! No ha valido. Hay que repetir. Faltaba más viento.

Se oyen murmullos de protesta. Susú observa cómo a uno de los técnicos se le caen las gafas de sol al mover de sitio la cámara. Al recogerlas, ve que se le ha torcido una patilla de las gafas y las arroja a unos arbustos. Del bolsillo de la cazadora se saca otras nuevas.

—Es aburridísimo tener que repetir tantas veces —dice de repente alguien al lado de Susú.

Es la otra chica del equipo, la rubia.

—¡Hola! Me llamo Susú...

—Ya...

—¡Pues a mí me parece muy emocionante hacer anuncios para la televisión!

—Sí, a veces está bien.

—Nunca había conocido a **una actriz**.

—Sí, ser actriz no está mal —y bosteza, mientras lo dice—. Aunque yo, en realidad, prefiero ser modelo. Esto de tener que aprenderte un papel es un rollo.

—¿Y tú cuándo intervienes?

—Si esos dos son capaces de hacer bien su parte, después rodarán mi frase. Luego, lo juntan y se ve todo seguido.

—Mola.

Vuelven a repetir la escena. De nuevo la pelirroja se cruza con el actor, que ella está segura de que también es modelo, y de nuevo dice eso de que el champú Glorioso te deja un pelo maravilloso.

—¡Corten! ¡Ha sido un desastre! ¡Tania, tienes que decir la frase con más energía! ¡Se nos está haciendo tardísimo y se va a ir la luz!

El director da unos cuantos pasos en círculo, como si estuviera muy **enfadado**. Se desvía y... se planta delante de Susú. La mira a través de sus gafas de sol.

—La muchacha del hotel...

—Bueno, yo...

—Sí, sí, ya sé quién eres. ¿Te gustaría intervenir en el rodaje?

Susú esta vez se queda paralizada.

—¡¿Yoooo?!

—Sí, tú.

Susú mira de reojo al chico... ¡Vaya ojazos azules tiene! Le encantaría que le guiñara un ojo, pero le sabe mal sustituir a la pelirroja y quitarle el papel. Aunque... ¡es una oportunidad!

—No tengo todo el día. ¿Quieres participar en el rodaje sí o no?

—¡Disculpe! Es que me he quedado parada... ¡Claro que me gustaría trabajar en el anuncio! ¿No se disgustará... Tania?

—Sólo si te acercas demasiado y le quemas el pelo. Venga, agarra el foco y aguántalo don-

de yo te diga, que nos estamos quedando sin luz del sol.

Un técnico le alarga una lámpara. Esa es su participación en el rodaje: de iluminadora. ¡Qué decepción! Bueno, al menos la dejan estar ahí y ver cómo se hace un anuncio...

Repiten tres veces más. A Susú se le cansa el brazo de aguantar la lámpara, que pesa un kilo.

El director está de un humor de perros. Unas veces opina que caminan demasiado despacio y otras demasiado deprisa; que si él guiña el ojo demasiado fuerte o demasiado flojo.

—¡Sois un desastre! —les grita.

Al final, ordena dejarlo para mañana, porque está oscureciendo. Inmediatamente saca un teléfono y se pone a hablar.

—¡Anda! A él sí le funciona el móvil.

—No es un móvil —y al decirlo la rubia recalca mucho las palabras, como si Susú no se enterase de nada—. El director tiene un teléfono vía satélite. Los teléfonos móviles normales no tiene cobertura. El suyo es como los que usan los servicios de emergencias. Se conecta a cualquier satélite que haya dando vueltas a la Tierra.

—¡No sabía que existiesen teléfonos así! En Isla Marabú nadie habla por teléfono.

—Ya lo veo, esto es un asco —dice la rubia, con fastidio.

—Yo creo, Vero, que esta debe de ser la isla más aburrida del planeta —añade la pelirroja Tania.

Uno de los técnicos acerca una caja grande de plástico y de allí dentro saca unos sándwiches de jamón dulce y unas botellas de agua. Susú se une a las dos chicas y al muchacho.

—¿Vais a merendar? —les pregunta Susú.

—¿Merendar? —le contesta la rubia—. Esto es la cena.

—¿Cenáis un sándwich de jamón dulce?

—¡Nooo! ¿Estás loca? Es la cena del director y los técnicos. Nosotras y Francis cenamos una barrita de cereales integrales baja en calorías.

Susú iba a decirles que ella esa noche pensaba zamparse dos hamburguesas caseras de las que

ha recibido del barco de suministros, pero entonces Tania añade:

—No vamos a hincharnos de grasa y comida que engorda como unas estúpidas. Nosotras somos modelos.

—¿Quieres una barrita *light* o un sándwich de pan integral? —le pregunta el cámara.

Ella habría preferido sus hamburguesas, pero elige la barrita. Tiene el tamaño de un lápiz y no es mucho más ancha.

«Algo es algo...», piensa.

Aunque está atardeciendo y el sol es ya débil, todos siguen con las gafas de sol puestas. Susú se da cuenta y, disimuladamente, se va a buscar las gafas torcidas que tiró el técnico. Las recoge y se las pone.

«Espero que no se percaten de que están torcidas. ¡Ahora ya formo parte del equipo!», se dice a sí misma muy contenta.

—Bonitas gafas —le dice el muchacho; tiene una voz fuerte, como de mayor.

—Un poco torcidas... —añade la rubia con desgana.

—Por cierto —le dice él—, me llamo Francis.

—¡Yo, Susú! —le responde gritando, pletórica de entusiasmo.

Después de esa cena ligera, el equipo se pone en marcha para volver al hotel. Susú no se separa de ellos.

De pronto el cámara se detiene delante de ella y le mira las gafas que lleva puestas. «Tierra, trágame».

—Esas gafas... —empieza a decirle—. Yo tenía unas muy parecidas.

—¡Qué casualidad! —suelta tan fresca, y suspira aliviada.

A mitad de camino, la muchacha rubia, Vero, se pone a reír a carcajadas.

—¡Mirad, mirad! ¡Menuda pinta llevan esos dos!

Los que vienen caminando son Maui y su hermanita.

—¿Qué lleva puesto ella? —pregunta Francis—. ¿Un saco de patatas? Menudos frikis —añade.

Todos se echan a reír. Todos menos Susú.

Cuando se cruzan con ellos, los dos se detienen a saludar, y Vero les suelta:

—¿Vosotros adónde vais a compraros la ropa? ¡Es para no ir!

Todos se parten y siguen adelante. Los hermanos Karité no entienden a esos visitantes y miran a Susú con extrañeza. Ella no sabe muy bien qué decir y les dice adiós disimuladamente con la mano mientras se apresura a seguir al grupo.

Al llegar cerca de la *Posada del Marinero*, encuentran sentado en un banco al farero. Todos pasan de largo, pero Susú se para.

—Buenas noches, señor Zin.

—Hola, Susú. ¿Por qué llevas gafas de sol si ya casi es de noche?

—Pues... porque todos las llevan.

—Pues no te pongas a seguir a un banco de peces espada o tendrás que ponerte un pincho en la nariz.

—¡Yo no soy un pez espada!

—¡Exacto! Tú eres Susú. Esté con quien esté, uno siempre tiene que ser quien es. Si tratas de disfrazarte de pez espada, dejarás de ser tú misma y tampoco conseguirás ser un verdadero pez espada.

A Susú le cuesta entender las palabras del señor Zin. ¿Qué tienen ahora que ver los peces espada? ¡Habla como un libro antiguo!

—¡Iluminadora! —la llama Vero—. ¿Vienes o te quedas ahí pasmada charlando con ese abuelo?

—¡Esperadme, que ya voy!

Susú corre hacia el grupo.

—¡Susú! —la llama el señor Zin.

—¿Qué?

—Si te quitaras las gafas, verías que el cielo se ha puesto de un increíble color naranja con la puesta de sol.

—¿Vienes o no? —la apremian.

—Ya, ya. ¡Adiós, señor Zin!

Cuando llega, Vero está refunfuñando.

—Menuda tontería —e imita burlonamente la manera lenta de hablar del señor Zin—: «El color naranja de la puesta de sol». El sol sale y se pone todos los días... ¿Qué merito tiene eso?

Susú no se atreve a decir nada. Pero disimuladamente se levanta un poco las gafas y, en vez de ver todo oscuro a su alrededor, ve que el cielo se ha pintado de un maravilloso color calabaza brillante.

Un rodaje glorioso

En **la recepción** del hotel está esperando al grupo el **almirante Doblón**, el pirata que vive en la **isla**, obsesionado con encontrar tesoros.

—¡Querido señor director!

El director se acerca a él muy sonriente y le da la mano. Hablan durante un minuto y se despiden hasta el día siguiente.

Susú se acerca al pirata y le pregunta:

—¿Conoce usted al director?

—Le ofrecí mis servicios y los contrató encantado.

—¿Qué servicios?

—Indicar el mejor lugar de la **isla** para rodar y hacerle un mapa. Les cobro un precio muy económico: tan sólo cien dólares.

—¿Cien dólares? ¡Si llegar a cualquier sitio aquí es facilísimo!

—Pero si van solos pueden tomar un camino equivocado.

—Pues dan la vuelta y toman otro.

El pirata se echa a reír a carcajadas.

—¡No entiendes nada de negocios, mi niña! Eso sería perder tiempo. La gente seria no pierde el tiempo. Prefieren pagar antes que dar vueltas. Son muy profesionales.

—Pues si dieran vueltas por la **isla**, verían qué hermosa es. Descubrirían acantilados altísimos, un volcán… Tal vez no les parecería tan aburrida.

El **almirante Doblón** resopla.

—Definitivamente, no tienes ni la más remota idea de cómo actúa la gente seria. Me marcho. Tengo ocupaciones importantes: debo buscar tesoros para ganar más dinero.

El pirata se marcha a toda prisa y Susú se reúne con las dos chicas.

—¿Os vais a dormir? —les pregunta.

—¿Dormir? ¿Estás loca?

—Ah, ya entiendo. Os vais a duchar y a lavaros el pelo. ¡Qué suerte, seguro que os han dado alguna muestra gratuita de ese champú Glorioso tan bueno!

Las dos miran a Susú y se echan a reír.

—¡Cómo vamos a usar ese champú barato! ¿Es que no te funciona el cerebro? Ese champú es para gente mediocre.

—Pero en la publicidad dicen que es maravilloso...

Las dos se tronchan de la risa.

—¡Esta chica es tonta! —dice entre carcajadas Vero—. ¡Se cree lo que dicen los anuncios!

—Hay muchos como ella —advierte Tania—. Lo que vamos a hacer ahora es ver vídeos en el **portátil**.

—¿Me puedo quedar con vosotras?

—Vaaaale. Pero no incordies.

Vero enciende su **portátil**. Susú se arrima a ella dispuesta a ver una película, pero sólo se ve a Vero posando para un anuncio de cereales, en un pase de ropa de **invierno**, repitiendo montones de veces otro anuncio donde se lava los dientes... A Susú le parece que se lava los dientes trescientas veces. Se pregunta si no se le desgastarían con tanto cepillado. Cansada de la misma escena, se acerca a ver qué hacen Francis y Tania. Cada uno está con su **portátil**, repasando sus propios vídeos. Están tan enfrascados mirándose a sí mismos que ni siquiera la oyen cuando se despide y les da las ***buenas noches***.

Al día siguiente, Susú se despierta tarde.

—¡Jopeta, es tardísimo!

Después de desayunar un tazón de algas con leche, en vez de ponerse el traje de submarinista como cada día, rebusca en el baúl de la ropa hasta encontrar una camisa azul y un cinturón de brillantitos. Es lo más *fashion* que tiene.

—Hoy comeré fuera, Tío Rufus. La gente del cine y la publicidad siempre comemos fuera. Es mucho más guay. Me voy deprisa. Seguro que me están esperando para empezar.

—**¡Cooooooooooompletamente equivocado!**

—¡Bah, qué sabrás tú! ¡A ti no te quieren ni para anunciar pipas!

—**¡Completamente eeeeeequiiiivooooocaaaaadooo!**

El equipo de rodaje se ha instalado en el mismo lugar que el día anterior. Tras repetir unas cuantas veces «Champú Glorioso me deja un pelo maravilloso», por fin el director grita con la potencia de su Megáfono:

—¡Vale!

Tania y Francis dan un salto de alegría.

—Es mi turno —dice Vero muy seria, muy profesional.

La maquilladora corre a retocarle la cara con unos polvos.

El trabajo de Vero consiste en mirar a la cámara y decir: «¡Que nunca te falte en casa Glorioso! El champú de la gente con buena cabeza». Luego, debe sonreír durante cinco segundos sin pestañear.

Parece fácil, pero Vero repite una vez, dos, tres..., catorce... Unas veces se atasca al decirlo, otras pestañea y se oye el rugido: «¡¡¡Corten!!!». Así, hasta diecinueve tomas. Por fin, en la toma número veinte, Vero dice la frase sin titubear, sonríe a la cámara sin pestañear y el director grita:

—¡Vale!

Entonces todo el equipo explota en gritos de alegría.

—¡Lo hemos conseguido!

—¡Bien!

—¡Bravo!

Los cámaras saltan y las modelos se abrazan. Susú también está muy contenta, pero le da un poco de corte ir a abrazarse con ellos. Justo en ese momento aparece por allí dando un paseo el señor Zin.

—Vaya, Susú, ¿por qué están todos tan contentos?

—¡Porque lo han conseguido!

—¿El qué?

—Han completado las dos frases del anuncio.

—¿Llevan dos días para decir dos frases?

—Así es.

El señor Zin se queda pensativo.

—Deben de ser unas frases muy profundas —dice.

Susú se las sabe de memoria y *profundas* no sería la palabra exacta.

El director los interrumpe con su MegáfONO:

—Después de comer, nos encaminaremos a la montaña más alta de la isla para rodar unos planos de paisaje y ya habremos terminado. Mañana por la mañana nos largamos de vuelta a casa con el barco.

El señor Zin se acerca a él.

—Buenos días, soy el farero de la isla.

—Ya... Lo siento, ahora estoy muy atareado. Si quiere trabajar como actor, mándeme su perfil de Facebook por correo electrónico.

—No. Sólo quería decirle que a esa montaña la llamamos la Montaña Gris. Es el lugar más frío de la isla. Si se les hace de noche allí, pueden tener dificultades para volver. Va a llover fuerte.

—¿Llover? Déjeme comprobarlo.

El director teclea en su móvil y agita la cabeza.

—No, nada de lluvia. Nublado, sin lluvia. Lo dice el parte meteorológico oficial de Greenwich, en Londres.

El **señor Zin** levanta la cabeza y mira al cielo.

—Esos señores de Londres están a diez mil kilómetros de aquí. Yo que usted no les preguntaría a ellos sino a las nubes que tiene sobre su cabeza. Fíjese en el color. Son *nubes de lluvia*.

Telonius empieza a impacientarse.

—Le agradezco su preocupación, pero si el mejor instituto meteorológico del mundo dice que no va a llover, es que no va a llover.

—Esperen a mañana. Tendrá luz del día y habrá pasado la tormenta.

—¡Y dale con la lluvia! ¿No le he dicho que no va a llover? Y discúlpeme, que tengo prisa. He de terminar de rodar un anuncio —le responde de malas maneras.

El farero se aleja *cabizbajo*.

Vero y Tania han ido a arreglarse el peinado, después de una comida consistente en media docena de hojas de lechuga.

«Menos mal», piensa Susú al quedarse sola, y saca del bolsillo disimuladamente un bocadillo de atún que se ha preparado en casa. Se lo come en dos bocados. ¡Qué hambre tenía!

Enseguida se pone en marcha hacia la Montaña Gris detrás del equipo. Susú nunca ha subido hasta arriba. La verdad es que está más lejos de lo que parecía. Además, el camino está lleno de baches y piedras sueltas. Vero y Tania van refunfuñando.

—¡Vaya caminata! ¿Es que no vamos a llegar nunca arriba?

A medida que suben hace más frío e incluso surge una ligera niebla. Pero, al final, llegan a la cima. Cuando un golpe de viento retira la niebla, la vista es realmente estupenda. Se ve toda la isla en miniatura y un mar enorme por todas partes.

Una noche muy negra

El **director da órdenes** a gritos para que preparen las cámaras. Han tardado en subir más de lo que él creía y pronto se hará DE NOCHE. Graban unos planos de la vista del mar, hasta que oscurece inesperadamente. Unas nubes muy **negras** tapan el poco sol que queda y empiezan a caer unas gotas. Son el aviso.

—¡Vamos, recoged todo, proteged las cámaras! —chilla el director.

Casi no les da tiempo. Empieza a llover torrencialmente, a cántaros. Y allí no hay donde protegerse.

—¡Socorro! —grita Tania.

—¿Qué pasa?

—¡La lluvia está arruinando mi moldeado!

Deberían preocuparse de algo más importante: el camino estará lleno de **barro** y resbaladizo. Deberían bajar cuanto antes.

Para cuando tienen las cámaras en sus fundas y se disponen a hacerlo, ya es noche cerrada y cae un aguacero.

—¡Tengo frío! —protesta Vero.

—¡Y yo! —grita Tania.

—No veo —se queja Francis.

—Encended las linternas de los móviles —les dice Telonius.

—¡Buena idea!

Con la luz de los **móviles** avanzan unos cuantos pasos, pero pronto se mojan y quedan inutilizados.

—¡Mi precioso IGLK-5! ¡Exigiré a la productora que me pague uno nuevo!

—Yo voy tirando. Nos vemos abajo, que llueve mucho para estar aguantando a tanta histérica

—dice Francis, al que aún le funciona la linterna del móvil.

—¡Espera! —le dice Susú—. Sigamos todos juntos, esto es peligroso.

—Bueno, tampoco se muere nadie por pillar un constipado. Ahí os quedáis.

Y Francis acelera el paso.

—¡No es la lluvia! Uno se puede resbalar... y después está la serpiente de la isla. Su veneno es mortal y en la oscuridad es imposible verla.

Tania se acerca a Susú.

—¿Una serpiente? ¡Tengo frío! ¡Y ahora también tengo miedo!

—¡Venga, daos prisa! ¡Y tú, la del hotel, deja

de contar cuentos de miedo o le diré a tu jefa que te despida! —grita el director y los adelanta, sin detenerse.

Susú da la mano a Tania. Tania se la da a Vero. Vero, a la maquilladora. Esta, al cámara... Y así, poco a poco, van bajando.

Entonces escuchan un grito no muy lejos, un poco a la derecha.

—¡¡¡Socorroooooooooooo!!!

—¡Es Francis!

—Pues que se fastidie —dice Vero—. Es un chuleta. Se fue él solo. Y pasó de nosotras.

—Pero nosotras no vamos a pasar de él —les dice Susú.

Un rayo ilumina el paisaje y ven a Francis, unos cuantos metros más abajo, encima de una roca. Se acercan hasta él despacio, para no resbalar con el barro.

—¡Francis! —grita Susú—. ¿Qué te ha pasado?

—¡La he visto!

—¿A quién?

—¡A la serpiente! ¡Es enorme!

Otro relámpago ilumina el cielo y también el brillo amarillento de unos ojos que miran al grupo... ¡La terrible serpiente de la isla!

—¡Oh, no! Es la reina que se arrastra. ¡Su mordedura es mortal!

—¡No quiero morir! —gimotea Francis, y se echa a llorar.

—¡Silencio! ¡Quedaos todos muy quietos! ¡No os mováis y no pasará nada! —grita alguien.

Susú reconoce esa voz...

—¡Maui!

La débil luz de la luna entre las nubes ilumina la figura del muchacho maorí.

—Yo me ocupo. Pase lo que pase, que nadie diga nada —susurra Maui, y alzando la voz exclama—: **¡Rieki-boloka!**

Como si supiera que la llamaban a ella, la serpiente se vuelve hacia él y levanta la cabeza amenazadora. Se acerca hacia Maui, que se queda muy quieto esperándola. La mira aparentemente tranquilo. Y la serpiente lo mira a él. Lo estudia con sus ojos amarillos.

Un relámpago ilumina el cielo. La serpiente abre su boca y enseña unos dientes afilados dispuesta a lanzarse contra el chico. Aun así, Maui no se mueve ni un milímetro, no chilla, no hace el más mínimo gesto. Susú es la que está a pun-

to de gritar, pero se contiene mordiéndose los labios.

Entonces la serpiente cierra la boca. Riekiboloka ha comprobado que ese muchacho no le tiene miedo y la reina que se arrastra respeta el valor. Se da la vuelta y desaparece entre las sombras.

—Maui... —empieza a decir Susú asombrada.

Él le sonríe. Los maorís saben de serpientes.

—Vamos, ahora hay que ir bajando. Seguidme.

Unos metros más adelante escuchan unos quejidos.

—¡Ay, ay, ay! ¡Ayuda!

Es el director Telonius.

—Metí el pie en un agujero y creo que me he roto una pierna.

Maui lo ayuda a levantarse.

—Apóyate en mi hombro.

—¡No puedo caminar! ¡Me duele!

El director parece muy asustado.

—No te preocupes. Si no tienes piernas, yo seré tus piernas.

Maui se lo carga al hombro como si fuera un saco de patatas. Y baja con él hasta el hotel de la **señora Pomponius** a través de un camino plagado de baches, pero no tropieza ni una sola vez.

El grupo de rodaje llega mojado, helado de frío y temblando.

—¡Nunca creí que sentiría tanta alegría al ver este hostal! —grita Francis.

Susú lo mira: con el pelo pegoteado por la

lluvia, la cara desencajada por el susto y la ropa hecha un asco, no le parece ya tan guay.

En cambio, Maui sonríe.

—¿Cómo puedes ir sin ropa con esta lluvia? —le pregunta Vero.

—Cuando llueve, la piel es el mejor impermeable.

Susú le da un abrazo.

—Quiero pedirte disculpas, Maui.

—¿Por qué?

—Porque soy tonta.

Entonces se vuelve al grupo y les dice:

—¡Eh, vosotros! ¿Sabéis qué os digo? Que Maui no es un friki. Y si lo fuera, me daría igual, porque es mi amigo. Me siento muy afortunada de tener un amigo como él.

—Os podemos invitar a cenar para daros las gracias... —dice tímidamente Vero.

—Ni hablar. Os podéis quedar todas vuestras barritas con sabor a plástico. Maui y yo nos vamos a casa a zamparnos unas hamburguesas dentro de un enorme panecillo.

Por la mañana, vuelve a lucir el sol en Isla Marabú. El equipo de rodaje carga las maletas y los trastos en el *Lady Marian*.

El señor Zin está sentado en un banco de piedra del puerto y disfruta de la calidez del sol. Susú se acerca a él.

—Hola, Susú. ¿Apenada por la marcha de tus amigos?

—No, señor Zin. Estoy apenada porque no supe darme cuenta de quiénes son mis verdaderos amigos. Esos de la publicidad son unos tontainas.

El señor Zin la mira.

—Susú, ayer te parecían que eran los mejores... ¿Cómo dices tú? ¿Los más guays? Y ahora resulta que son los peores del mundo. Tal vez ayer no eran tan buenos y hoy no sean tan malos. No te enfades con ellos. Tienen su mundo. Cada persona tiene el suyo. Uno simplemente debe averiguar a qué mundo quiere pertenecer.

El director Telonius se acerca cojeando. El mismo señor Zin ha sido quien le ha vendado a conciencia el tobillo.

—Haga reposo, señor director. No está roto. Sólo es una torcedura, pero durante unos días no apoye el peso en ese pie.

—Gracias, señor Zin. Ha sido usted muy amable, aunque yo no lo fui con usted. No sé cómo pagárselo.

—Pues hay una manera muy fácil. En el próximo rodaje, sea usted más amable con todo el mundo, empezando por su equipo. Si usted es amable con ellos y ellos son amables con otros y así sucesivamente, la amabilidad se irá contagian-

do. Es una rueda. Y cuando yo un día me encuentre con alguien, esa persona será amable conmigo.

—Señor Zin, no hay quien le entienda —se ríe Susú.

Sin embargo, Telonius dice que sí y le estrecha la mano.

—Susú…

Se da la vuelta y allí están Francis, Vero y Tania.

—Nos vamos.

—Ya…

—Susú…, esto… nosotros pensamos que Maui y tú… ¡sois superguays!

Susú se va hacia ellos y todos se dan un abrazo.

El cámara se acerca a Tío Rufus, que ha salido también a despedirlos.

—Vaya loro más raro… Seguro que podría servir para un anuncio.

Y al ir a acariciarlo, le suelta un tremendo picotazo.

—**¡¡¡Completamente equivocadoooooooooo!!!**

LA SUSU

POSIDONIA

La Posidonia no es un alga sino una planta y crece en la arena, mientras que las algas pertenecen a fondos rocosos. Sus hojas verdes son largas y aplanadas, pudiendo llegar a medir hasta un metro y medio, y forman grandes praderas en el fondo marino.

PEZ ESPADA

También llamado emperador, habita en las aguas cálidas de todo el mundo y vive entre 200 y 800 metros bajo el agua. Su pico lo utiliza como arma tanto para atacar a sus presas, como para defenderse de sus depredadores naturales. Es de la familia del tiburón blanco.

ERIZO DE MAR

Esta extraña criatura habita las costas rocosas, se caracteriza por sus púas móviles y venenosas y porque algunas de sus especies definitivamente no son comestibles. Se estima que existen aproximadamente hace 540 millones de años.

PEDIA Q

SALUDO MAORÍ

El hongi es el tradicional saludo maorí. La acción se realiza juntando la nariz y la frente con la persona a la que estamos saludando. Con el saludo las dos personas respiran al unísono, intercambiando un aire que pasa a ser un nexo de unión.

SERPIENTES

Existen unas 2.500 especies. Un tercio son venenosas. Las serpientes venenosas lo son porque sus presas son más rápidas que ellas. ¿Sabías que todas ellas olfatean con la lengua en vez de por la nariz y que todas las serpientes son sordas?

CLAQUETA

Frank W. Thring inventó esta pizarra a la que le añadió una tablilla en la parte superior que iba unido por una bisagra, al golpear la tablilla sobre la placa inferior indicaría el momento exacto en el que se comenzaba a grabar y ese característico ruido ayudaría a sincronizar imagen y sonido.